# *Mis* ORACIONES FAVORITAS



STORMIE OMARTIAN

Unilit

Publicado por Unilit
Medley, FL 33166

© 2015 Editorial Unilit (Spanish translation)
Primera edición 2015 (Serie Favoritos)


Originalmente publicado en inglés con el título: *My Favorite Prayers* por Stormie Omartian.
Publicado por Harvest House Publishers, Eugene, Oregon 97402
www.harvesthousepublishers.com


Producto 497005
ISBN 0-7899-2236-3 / ISBN 978-0-7899-2236-6
eBook ISBN 0-7899-5823-6 / 978-0-7899-5823-5

Impreso en Colombia / *Printed in Colombia*
Categoría: Vida cristiana / Crecimiento espiritual / Oración
*Category: Christian Living / Spiritual Growth / Prayer*

# Contenido

# Introducción

Muchas veces me han preguntado cuáles son mis oraciones favoritas de todas las que aparecen en mis libros. Así que recopilé las que fueron más importantes para mí en lo personal, así como las oraciones que otros dijeron que fueron más significativas para ellos.

Mi petición a Dios es para que a *ti* te bendigan también.

*Stormie Omartian*

# *Señor,* haz brillar tu luz sobre cada paso que dé

(Oraciones basadas en *Suficiente luz para el próximo paso*)

# Aprende a caminar

Señor, no quiero dar un paso sin ti. Extiendo mi mano para tomar la tuya y pedirte que me guíes en tu camino. Gracias porque sin importar dónde esté ahora mismo, incluso si me he desviado del curso, en este momento que pongo mi mano en la tuya, tú harás un camino desde donde estoy hasta donde tengo que estar. Y tú me guiarás en él. Me encanta que tu gracia abunde para mí en ese camino. Guárdame en el camino que tienes para mí y llévame donde quieres que vaya. Me comprometo en este día a andar contigo. Gracias, Señor, porque me estás enseñando a cómo caminar en total dependencia de ti, pues sé que allí reside mi mayor bendición.

Te lo pido en el nombre de Jesús.

# Comienza a ver la luz

Señor, tú eres la luz de mi vida. Tú iluminas mi camino, y te seguiré a dondequiera que me guíes. Protégeme para que no me ciegue la luz que confunde. Ayúdame a identificar siempre la falsificación. Dependo de ti para que brille la luz de tu rostro sobre mí (Salmo 4:6, NVI®). Gracias, Señor, que debido a que nunca cambias, tu luz es constante en mi vida sin importar lo que suceda a mi alrededor. Haz brillar tu luz a través de mí mientras camino con mi mano en la tuya. Te entrego este día y confío en que la luz que me das es justo la cantidad que necesito para el paso que estoy dando. Reconozco que tú eres la Luz verdadera que alumbra al mundo (Juan 1:9). Gracias porque tu luz jamás se apagará, y yo nunca puedo estar en la oscuridad cuando te miro a ti.

Te lo pido en el nombre de Jesús.

# No tengas miedo a la oscuridad

Señor, gracias que como camino contigo, no tengo que temerle a la oscuridad. Aun en la noche más oscura, tú estás allí. En los momentos más oscuros, tú tienes tesoros para mí. Sin importar por lo que esté pasando, tu presencia y tu gracia son mi consuelo y mi luz. Tu Palabra dice: «El que anda de noche sí tropieza, porque no tiene luz» (Juan 11:10, NVI®). Sin embargo, sé que tu luz *está* en mí. Jesús, tú viniste como luz al mundo para que cualquiera que crea en ti no viva en tinieblas (Juan 12:46, NVI®). Gracias porque en cada paso que dé, la luz que tú me das será todo lo que necesite.

Te lo pido en el nombre de Jesús.

# Acepta el momento

Señor, ayúdame a aceptar los momentos de mi vida que son difíciles de recibir. Capacita mis ojos para verte en ellos. Ayúdame a reconocer siempre la abundancia de tu bondad hacia mí. Levanto hacia ti las luchas más profundas de mi vida. Confío en que tú abres mis ojos para ver todo lo que tienes para mí en ellas. Revélame todo por completo. Gracias que puedo llenarme del gozo de tu presencia en cada paso que doy, pues tú me has dado la luz que necesito para cualquiera que sea el paso en el que estoy. Ayúdame a tener una mayor percepción de tu presencia cada día.

Te lo pido en el nombre de Jesús.

# Danza en las candilejas

Señor, haz brillar la luz de tu Palabra en el camino de mi vida hoy. Haz de ella una lámpara para mis pies a fin de que no tropiece. Hazla vivir en mi espíritu para que ilumine mi alma y mente. Que sea una guía para cada decisión que tome y para cada paso que dé. Guárdame de desviarme a la derecha o a la izquierda para que permanezca en el camino estrecho que lleva a la vida. Ayúdame cada día a sacar tiempo para estar a solas contigo y alimentarme de tu verdad. Pon en línea mi corazón con el tuyo y dame revelación y guía para que pueda conocer tu voluntad para mi vida. Haz brillar la luz de tu verdad donde estoy ahora y muéstrame cuál es el siguiente paso que debo dar.

Te lo pido en el nombre de Jesús.

# Mira lo que hay de bueno en esa situación

Señor, dejo mis preocupaciones ante ti y te pido que intervengas con poder a fin de que me muestres lo bueno cuando solo veo lo malo. Estoy decidido a ver lo bueno, así que ayúdame a que no me cieguen mis propios temores, dudas, predilecciones e ideas preconcebidas. Te pido que me reveles tu verdad en cada situación. Dame tu perspectiva. Bendíceme con la capacidad de entender el cuadro completo y de distinguir lo valioso de lo insignificante. Cuando algo parece ir mal, ayúdame a no llegar a conclusiones negativas. Capacítame para reconocer la respuesta a mis oraciones. Confío en que me ayudes a ver la luz en cada situación. Me regocijo este día y todos los días porque tú tienes el control de todo.

Te lo pido en el nombre de Jesús.

# Cree que no ha terminado hasta que haya terminado

Señor, mis tiempos están en tus manos. Gracias porque mi vida nunca se acaba aquí en la tierra hasta que tú lo digas. Y cuando llegue ese momento, te veré cara a cara y moraré en tu presencia. Gracias porque tú nunca te rindes conmigo, aun cuando yo mismo me rindo. Estoy muy feliz de que sin importar la edad que tenga, siempre tendré un propósito porque tú tienes grandes cosas para que yo haga. Te pido que me des un sentido que se renueve de continuo de tu propósito para mi vida. Úsame para tu gloria mientras esté en esta tierra. Ayúdame a nunca resistirme al cambio, sino a estar siempre dispuesto a las nuevas cosas que quieres hacer.

Te lo pido en el nombre de Jesús.

# Sobrevive a la desilusión

Señor, en tiempos de gran desilusión, me aferraré a ti. Mientras camino a través de esos tiempos, enséñame lo que quieres que aprenda. Revélame tu verdad para mí en cada situación. Ayúdame a verla con claridad por lo que es en realidad. No permitas que me preocupe por mis circunstancias ni de que viva con falta de perdón en cuanto a estas. Quiero, en cambio, esperar en tu presencia para que reveles tu bondad para mí en la situación. Quiero descansar siempre en ti, sabiendo que mi vida está en tus manos. Te pongo a cargo de cada detalle de mi vida, incluso del dolor que siento en mi corazón. Úsalo para perfeccionarme y para que te traiga gloria. Gracias por tu infinita bondad hacia mí.

Te lo pido en el nombre de Jesús.

# Viaja por los momentos oscuros de las relaciones

Señor, haz brillar tu luz de revelación en cada relación que tengo y muéstrame tu verdad. Ilumina cualquier oscuridad por falta de perdón en mí, y te la confesaré como pecado. Trae reconciliación y claridad donde haya malentendidos. Donde necesite extenderme con humildad, capacítame para hacer cualquier sacrificio que sea necesario y a no proveer para el clamor de mi carne. Ayúdame a dar mi vida en oración por mi familia, amigos y otras personas que has puesto en mi vida. Enséñame a amar como tú amas. Junto mi mano con la tuya mientras viajo por el camino de las relaciones con tu amor incondicional como la luz que me guía. Ayúdame a ser desinteresado al mirar por los intereses de los demás.

Te lo pido en el nombre de Jesús.

# Camina en medio de situaciones abrumadoras

Señor, solo puedo atravesar este tiempo si camino cerca de ti. Aunque hay muchas cosas que pueden ocurrir en la vida que asustan o abruman, sé que tu poder es mayor que todas esas cosas. Aun cuando lo que experimento es demasiado para mí, nunca es demasiado para ti. Cualquier cosa que enfrente es nada comparado con tu capacidad para resolverla. Señor, elevo a ti las cosas que más me asustan y te pido que me protejas de ellas así como a la gente que amo. Sobre todo, traigo ante de ti (<u>nombra la situación que te abruma</u>) y te pido que obres tu redención en esto. Dame un sentido más profundo de tu presencia, pues sé que tu presencia es mucho mayor que cualquier cosa que podría temer.

Te lo pido en el nombre de Jesús.

# Busca la mano de Dios en los momentos de pérdida

Señor, permíteme ir más allá de cualquier pena o dolor que sienta en mi vida. Me doy cuenta que la vida debe continuar, y te pido que me ayudes a dar el siguiente paso que tengo que dar hoy. Aun cuando quizá sea difícil imaginar la vida sin el dolor que siento, contigo todas las cosas son posibles. Tu poder sanador puede restaurarlo todo, incluso un corazón roto. Ayúdame a echar toda mi carga de dolor sobre ti y a dejar que tú la lleves. Aun cuando hay muchos momentos en los que parece que no puedo resistir el dolor, sé que tú me sostendrás. Camina conmigo, Señor. Confío en que tú tomarás mi mano y me guiarás hasta que pueda sentir de nuevo tu luz en mi rostro y el gozo en mi corazón.

Te lo pido en el nombre de Jesús.

# Deja atrás el pasado

Señor, ayúdame a ser renovada en el espíritu de mi mente. En los casos que tomé malas decisiones en el pasado, te pido que me perdones y me redimas de esos errores. Ayúdame a perdonarme de modo que no me quede repitiéndolos en mis pensamientos. Toma todos los errores de mi pasado y úsalos para bien. Sé que como te puse a cargo de mi futuro, no tengo que temer a que los hechos de mi pasado me impidan avanzar hacia todo lo que tienes para mí. Dame tu revelación y muéstrame todo lo que necesito ver a fin de abandonar la sombra de mi pasado y caminar hacia la luz que tienes hoy para mí.

Te lo pido en el nombre de Jesús.

# Mantén la pasión por el presente

Señor, me doy cuenta de que no hay mejor momento que el presente para extender tu luz a los que me rodean. Ayúdame a ir más allá de mí mismo y a convertirme en un recipiente abierto a través del cual pueda brillar tu luz. Dame tu sabiduría y revelación, y muéstrame todo lo que necesito ver para mantenerme en el camino que tienes para mí. Permíteme abandonar mi pasado y mantener la vista en el futuro siguiendo hoy tu luz en mi camino. Si tú no te mueves conmigo, me quedo aquí hasta que me guíes. Sé que solo alcanzaré el futuro que tienes para mí caminando hoy paso a paso en tu voluntad.

Te lo pido en el nombre de Jesús.

# Muévete hacia tu futuro

Señor, te pido que tomes el control de mi futuro. No quiero tener sueños si tú no estás en ellos. No quiero hacer planes que tú no vas a bendecir. No quiero trabajar duro intentando cosechar algo que nunca dará fruto porque no recibí la semilla de ti. Ayúdame a no gastar tiempo valioso apartándome del camino y teniendo que volver de nuevo al mismo lugar. No quiero llegar al final de mi vida y lamentar el tiempo que gasté no viviendo para ti. Quiero que se diga que tu gloria se vio en mi vida. Te confío mi futuro, sabiendo que lo tienes seguro en tus manos.

Te lo pido en el nombre de Jesús.

# *Señor,* ayúdame a amar a mi esposo al orar por él

(Oraciones basadas en *El poder de la esposa que ora*)

# Su esposa

Señor, ayúdame a ser una buena esposa. Sé muy bien que no lo puedo ser sin tu ayuda. Toma mi egoísmo, impaciencia e irritabilidad y transfórmala en bondad, tesón y disposición para sobrellevar todas las cosas. Toma mis viejos hábitos emocionales, formas de pensar, reacciones automáticas, suposiciones rudas y autoprotección, y hazme paciente, bondadosa, buena, fiel, gentil y con dominio propio. Toma la dureza de mi corazón y rompe las paredes con tu ariete de revelación. Dame un nuevo corazón y pon en mí tu amor, paz y gozo (Gálatas 5:22-23). En este momento, no estoy apta para sobreponerme a lo que soy. Solo tú puedes transformarme.

Te lo pido en el nombre de Jesús.

# Su trabajo

Señor, te pido que tú bendigas el trabajo de las manos de mi esposo. Que su labor no solo traiga favor, éxito y prosperidad, sino gran satisfacción también. Si el trabajo que está haciendo no está en línea con tu perfecta voluntad para su vida, revélaselo. Muéstrale lo que debiera hacer diferente y guíalo por el buen camino. Dale fuerza, fe y una visión para el futuro, a fin de que pueda levantarse por encima de cualquier tendencia a la pereza. Que nunca huya del trabajo a causa del temor, el egoísmo o el deseo de evadir la responsabilidad. Por otro lado, ayúdalo a darse cuenta de que no tiene que trabajar hasta matarse para conseguir la aprobación del hombre. Dale la habilidad de disfrutar su éxito sin tener que luchar por más. Ayúdalo a sobresalir, pero libéralo de la presión para hacerlo.

Te lo pido en el nombre de Jesús.

# Sus finanzas

Señor, te ruego que mi esposo tenga la sabiduría para administrar el dinero. Ayúdalo a tomar buenas decisiones acerca de cómo gastarlo. Muéstrale cómo planear para el futuro. Enséñale a dar como nos instruyes en tu Palabra. Te pido que encuentre el equilibrio perfecto entre gastar sin necesidad y ser miserable. Que siempre reciba buena paga por el trabajo que realiza, que no le roben su dinero, ni que lo pierda, lo devoren, destruyan, ni malgasten. Multiplícalo para que le rinda lo que gane. Te ruego que no esté ansioso por sus finanzas, sino que busque primero tu reino, sabiendo que mientras lo haga, tendremos lo que necesitamos (Lucas 12:31).

Te lo pido en el nombre de Jesús.

# Su mente

Señor, te pido que mi esposo no albergue confusión en su mente, sino que viva en pureza. Impide que lo atormenten pensamientos impuros, malvados, negativos o pecaminosos. Permítele que se transforme mediante la renovación de su mente (Romanos 12:2, NVI®). Ayúdalo para que no se inquiete por nada, sino que en toda ocasión, con oración y ruego, presente sus peticiones, con acción de gracias, a ti; que tu paz, que sobrepasa todo entendimiento, cuide su corazón y su mente por medio de Cristo Jesús (Filipenses 4:6-7, NVI®). Y por último, permite que piense en todo lo verdadero, todo lo respetable, todo lo justo, todo lo puro, todo lo amable, todo lo digno de admiración, en fin, todo lo que sea excelente o merezca elogio (Filipenses 4:8, NVI®).

Te lo pido en el nombre de Jesús.

# Sus temores

Señor, te ruego que mi esposo te reconozca como Padre cuyo amor es infalible, su fuerza es sin igual y en cuya presencia no hay nada que temer. Líbralo en este día del temor que destruye y sustitúyelo con un temor piadoso (Jeremías 32:40). Enséñale tu camino, oh Señor. Ayúdalo a caminar en tu verdad. Dale integridad de corazón para que tema tu nombre (Salmo 86:11). Permite que no le tema al hombre, sino que se levante y diga con audacia: «El Señor es quien me ayuda; no temeré. ¿Qué me puede hacer un simple mortal?» (Hebreos 13:6, NVI®). «Cuán grande es tu bondad, que atesoras para los que te temen» (Salmo 31:19, NVI®).

Te lo pido en el nombre de Jesús.

# Su propósito

Señor, te pido que mi esposo escuche con claridad tu llamado en su vida. Ayúdale a comprender quién es en Cristo y dale la certeza de que lo creaste para un gran propósito. Permítele que camine como es digno de su llamado y recuérdale lo que le llamaste a ser. No permitas que se desvíe con las cosas que no son esenciales para tu propósito. Elimina el desaliento de modo que no lo abata. Eleva sus ojos por encima de las circunstancias del momento, a fin de que pueda ver el propósito para el que lo creaste. Dale paciencia para esperar por tu tiempo perfecto. Te ruego que los deseos de su corazón no entren en conflicto con los deseos tuyos. Que busque tu dirección y escuche cuando le hables a su alma.

Te lo pido en el nombre de Jesús.

# Sus decisiones

Señor, llena a mi esposo con el temor del Señor y dale sabiduría para cada decisión que tome. Que te reverencie a ti y tus caminos, y procure conocer tu verdad. Dale discernimiento para tomar decisiones basadas en tu revelación. Ayúdalo a tomar decisiones piadosas y líbralo de hacer algo imprudente. Te ruego que escuche a consejeros piadosos y que no sea un hombre incapaz de aprender. Instrúyelo aun mientras duerme (Salmo 16:7), y en la mañana, te suplico que haga lo que es recto en lugar de seguir su instinto carnal. Que no apoye la locura de este mundo, sino que mantenga sus ojos en ti y tenga oídos para escuchar tu voz.

Te lo pido en el nombre de Jesús.

# Su reputación

Señor, te pido que mi esposo tenga una reputación sin manchas. Sé que el hombre a menudo se le valora «por la alabanza que recibe» (Proverbios 27:21, LBLA), así que te ruego que lo respeten en nuestra ciudad y que la gente hable bien de él. Tú dijiste en tu Palabra que «la maldición sin motivo jamás llega a su destino» (Proverbios 26:2, NVI®). Te ruego que nunca haya razón para que digan cosas malas de él. Evita que se inmiscuya en complicaciones legales. Protégenos de demandas y enjuiciamientos. Líbralo de sus enemigos, oh Dios. Defiéndelo de los que se levantan para atacarlo (Salmo 59:1, NVI®).

En ti, Señor, ponemos nuestra confianza. Jamás nos dejes quedar en vergüenza (Salmo 71:1).

Te lo pido en el nombre de Jesús.

# Su pasado

Señor, te pido que permitas que mi esposo abandone por completo su pasado. Líbralo de cualquier atadura que tenga. Ayúdalo a despojarse de la vieja manera de vivir y de pensar y a renovarse en su mente (Efesios 4:22-23). Amplía su entendimiento para saber que tú haces nuevas todas las cosas (Apocalipsis 21:5). Muéstrale una manera nueva e inspirada por el Espíritu Santo de relacionar las cosas negativas que le han pasado. Dale la mente de Cristo, a fin de que pueda discernir con claridad tu voz entre las voces del pasado. Cuando escuche esas viejas voces, ayúdalo a levantarse y a silenciarlas con la verdad de tu Palabra.

Te lo pido en el nombre de Jesús.

# Su actitud

Señor, llena a mi esposo con tu amor y paz hoy. Que haya tranquilidad, serenidad y sentido de bienestar establecido en él porque su vida está controlada por Dios, antes que por la carne. Ayúdalo a no estar ansiosos por nada, sino a dar gracias en todo para que pueda conocer la paz que sobrepasa todo entendimiento. Permite que se conduzca en su casa con un corazón limpio e íntegro (Salmo 101:2). Haz brillar la luz de tu Espíritu sobre él y llénalo con tu amor. Te pido que sea amable y paciente, no egoísta ni que se enoje con facilidad. Libéralo de la ira, la impaciencia, la ansiedad, las preocupaciones, la agitación interna, la contienda y la presión. Permite que todo lo disculpe, todo lo crea, todo lo espere y todo lo soporte (1 Corintios 13:7, NVI®).

Te lo pido en el nombre de Jesús.

# Su autoestima

Señor, te ruego que mi esposo encuentre su identidad en ti. Ayúdalo a comprender su valor a través de tus ojos y mediante tus normas. Permite que reconozca las cualidades únicas que pusiste en él y que sea capaz de apreciarlas. Permite que se vea de la manera que tú lo ves, comprendiendo que «lo hiciste poco menos que un dios, y lo coronaste de gloria y de honra; lo entronizaste sobre la obra de tus manos, todo lo sometiste a su dominio» (Salmo 8:4-6, NVI®). Acalla las voces que le dicen lo contrario y dale oídos para escuchar tu voz diciéndole que no será su perfección lo que le lleve a la vida de éxito, sino que será la tuya.

Te lo pido en el nombre de Jesús.

# Su fe

Señor, te pido que le des a mi esposo una medida más de fe hoy. Aumenta su capacidad para creer en ti, tu Palabra, tus promesas, tus caminos y tu poder. Pon un anhelo en su corazón de hablar contigo y escuchar tu voz. Dale un entendimiento de lo que significa gozar de tu presencia y no solo pedir cosas. Que busque de ti, que dependa por completo de ti, que permita que le guíes, que te ponga en primer lugar y que te reconozca en todo lo que hace. Señor, tú has dicho en tu Palabra que «todo lo que no proviene de fe, es pecado» (Romanos 14:23). Permite que mi esposo sea libre del pecado de la duda en su vida.

Te lo pido en el nombre de Jesús.

# Sus oídos

Señor, tu Palabra dice que «el que tiene oídos para oír, oiga» (Mateo 11:15). Te ruego que le des a mi esposo oídos para escucharte cuando le hablas a su corazón. Ayúdalo a que «incline» sus oídos hacia ti en todo momento (Proverbios 22:17, LBLA). Permite que pueda escuchar mientras le hablas a través de tu Palabra y por medio de su Espíritu Santo grabándolo en su y mente y corazón. Ábrele sus oídos no solo para escucharte, sino para que me escuche a mí también. Permíteme escucharte a cada instante y a crecer siempre en sabiduría y discernimiento. Cuando tenga que decirle algo importante a él, prepara su corazón a fin de que lo reciba sin orgullo, rechazo o desprecio debido a que tú nos hiciste uno.

Te lo pido en el nombre de Jesús.

# Su futuro

Señor, te ruego que le des a mi esposo una visión para su futuro. Ayúdalo a comprender que tus planes para él son de bienestar y no de calamidad, a fin de darle un futuro y una esperanza (Jeremías 29:11, NVI®). Llénalo con el conocimiento de tu voluntad con toda sabiduría y comprensión espiritual, para que viva de manera digna de ti, agradándote en todo, dando fruto en toda buena obra y creciendo en el conocimiento de ti (Colosenses 1:9-10, NVI®). Permite que viva mediante la dirección del Espíritu Santo, y que no ande en duda y con temor de lo que pueda suceder. Ayúdalo a madurar y crecer en ti cada día, sometiendo todos sus sueños y deseos a ti, sabiendo que «lo que es imposible para los hombres es posible para Dios» (Lucas 18:27, NVI®).

Te lo pido en el nombre de Jesús.

# *Señor,* elevo a ti mi vida

(Oraciones basadas en *30 Days to Becoming a Woman of Prayer*)

# Reconoce quién es tu Padre

Padre celestial, te doy gracias porque me has dado el derecho de convertirme en tu hija (Juan 1:12). Ayúdame a vivir en tu amor y a comprender la profundidad de tu cuidado e interés por mí. Quita cualquier barrera que evite que comprenda todo lo que significa confiar en ti como mi Padre celestial. Ayúdame a adoptar la semejanza de familia, de modo que tenga tus ojos, tu corazón y tu mente.

Señor, muéstrame cualquier manera en la que tenga que perdonar a mi padre terrenal. Sana cualquier cosa en mi corazón que haya ocasionado que te vea a través de sus fracasos. Perdóname si he juzgado tu perfección con sus imperfecciones. Muéstrame lo que necesito ver y ayúdame a perdonar por completo.

Te lo pido en el nombre de Jesús.

# Recibe todo por lo que murió Jesús para que tengas tú

Señor, Jesús: Sé que viniste «a buscar y a salvar lo que se había perdido» (Lucas 19:10). Gracias porque viste mi condición perdida y me salvaste para ti y tus propósitos. Gracias porque tengo vida eterna, porque moriste por mí y tu sangre me limpia de todo pecado (1 Juan 1:7). Ahora puedo vivir libre de culpa y condenación. Creo que «no hay otro nombre bajo el cielo» por el que pueda ser salva (Hechos 4:12). Permíteme vivir como la nueva creación que me hiciste para que sea. Gracias, Jesús, porque soy heredera juntamente contigo de todas las bendiciones de nuestro Padre Dios. Gracias por reconciliarme contigo (2 Corintios 5:18).

Te lo pido en el nombre de Jesús.

# Acepta la presencia del Espíritu Santo

Señor, enséñame todo lo que necesito saber de ti. Permíteme dar muestras de fidelidad, humildad y dominio propio (Gálatas 5:22-23, NVI®). Tú eres el Espíritu de sabiduría, gracia, santidad y vida. Tú eres el Espíritu de consejo, poder y conocimiento (Isaías 11:2). Espíritu de verdad, ayúdame a conocer la verdad en todas las cosas. Gracias por dirigirme y guiarme. Gracias por ser mi Ayudador y Consolador. Gracias porque tu Espíritu en mí me permite andar en tus caminos y guardar tus mandamientos (Ezequiel 36:27). Ayúdame a orar con poder y adorarte de una manera que sea agradable a ti. Gracias porque me elevarás para estar contigo cuando termine mi vida en la tierra. Hasta entonces, guíame para estar más cerca de ti.

Te lo pido en el nombre de Jesús.

# Tómale la palabra a Dios

Señor, te doy gracias por tu Palabra. Me muestra cómo vivir y me doy cuenta de que mi vida no marcha bien si no vivo como quieres tú. Reúnete conmigo en las páginas y enséñame lo que necesito saber. «Abre mis ojos, y miraré las maravillas de tu ley» (Salmo 119:18). Gracias por el consuelo, la sanidad, la liberación y la paz que me da tu Palabra. Es alimento para mi alma hambrienta. Ayúdame a leerla todos los días para que tenga un entendimiento sólido de quién eres, de quién quieres que sea y cómo debo vivir. Que tus palabras vivan en mí para que cuando ore, vea respuestas a mis oraciones (Juan 15:7).

Te lo pido en el nombre de Jesús.

# Haz de la adoración un hábito

Señor, entro a tus puertas con gratitud y a tus atrios con alabanza (Salmo 100:4). Te adoro como el todopoderoso, el omnipotente Dios del cielo y la tierra y el Creador de todas las cosas. Nadie es más grande que tú. Te alabo como mi Padre celestial que está conmigo todos los días para guiarme y protegerme. Gracias por todo lo que me has dado y todo lo que me proveerás en el futuro. «Tú proteges todo lo que me pertenece. La tierra que me has dado es agradable» (Salmo 16:5-6, NTV). Te alabo por tu amor que me libera y me hace perfecto. Derrama tu amor en mí para que fluya hacia otros y te glorifique en el proceso.

Te lo pido en el nombre de Jesús.

# Vive en la libertad que Dios tiene para ti

Señor, gracias porque tú eres «fortaleza mía y mi libertador, escudo mío, en quien he confiado» (Salmo 144:2). Gracias «porque has librado mi alma de la muerte» y a «mis pies de caída», a fin de que ande delante de ti (Salmo 56:13). Muéstrame cualquier cosa de la que necesite liberarme. No quiero estar viviendo con algo que tú ya pagaste el precio para que yo reciba la libertad. Te pido que me liberes «de toda obra mala» y me preserves para tu reino (2 Timoteo 4:18). «Oh Dios, no te alejes de mí; Dios mío, acude pronto en mi socorro» (Salmo 71:12).

Te lo pido en el nombre de Jesús.

# Reconoce tu propósito y esfuérzate por cumplirlo

Señor, dedico a ti mi trabajo. Te pido que siempre esté en tu voluntad en todo lo que haga y que lo haga bien. Te pido que todo lo que haga sea agradable a ti y a las personas con las que trabajo y para las que trabajo. Confirma la obra de mis manos para tu agrado y tu gloria (Salmo 90:17). Ayúdame a entender cuál es la esperanza de mi llamado (Efesios 1:17-18). Permite que sea firme y constante, «creciendo en la obra del Señor» que me has dado, sabiendo que mi «trabajo en el Señor no es en vano», siempre y cuando sea *de ti* y *para ti* (1 Corintios 15:58).

Te lo pido en el nombre de Jesús.

# Deléitate en el amor de Dios

Señor, llena mi corazón con tu amor, con una medida mayor, de modo que pueda ser la persona perfecta que quisiste que yo fuera. Dame tu corazón de amor por otros. Te pido que esté tan lleno de tu amor que fluya hacia otras personas de una manera que puedan percibirlo. Muéstrame las cosas amorosas que debo hacer en cada situación. Cuán agradecida estoy porque nada puede separarme de tu amor, sin importar hacia dónde vaya ni qué haga, ni siquiera mis defectos (Romanos 8:35-39). Gracias porque a causa de tu amor por mí, soy más que vencedora (Romanos 8:37). Gracias, Señor, que tu amor inagotable y misericordia me rodean porque confío en ti (Salmo 32:10).

Te lo pido en el nombre de Jesús.

# Pon tu esperanza en el Señor

Señor, en ti pongo toda mi esperanza y mis expectativas. «Yo esperaré siempre, y te alabaré más y más» (Salmo 71:14). Sé que no tengo esperanza sin ti, Señor (Efesios 2:12), por lo que mi esperanza está por completo en ti (Salmo 39:7). «Porque tú, oh Señor Jehová, eres mi esperanza, seguridad mía desde mi juventud» (Salmo 71:5). En los momentos en que me siento tentada a sentirme desesperanzada, en especial cuando no veo respuestas a mis oraciones por mucho tiempo y me desanimo, ayúdame a poner mis ojos otra vez en ti. Permíteme ponerles fin a todos los sentimientos de desesperanza en mi vida. Ayúdame a ver que no son verdaderos y solo tu Palabra es verdadera.

Te lo pido en el nombre de Jesús.

# Da a la manera de Dios... a Él y a otros

Señor, no quiero detener el flujo de tus bendiciones en mi vida al no dar cuando debería hacerlo. Estoy agradecida por todo lo que me has dado, pero te pido que no dé solo para recibir, sino que solo dé para agradarte. Ayúdame a entender la liberación que ocurre en mi vida cuando doy, de modo que pueda soltar las cosas. Ayúdame a no olvidarme «de hacer bien y de la ayuda mutua», porque sé que con esos sacrificios tú te agradas (Hebreos 13:16). Ayúdame a dar y, por lo tanto, a tener tesoros en el cielo que no se agoten, pues sé que donde está mi tesoro, allí estará también mi corazón (Lucas 12:33-34).

Te lo pido en el nombre de Jesús.

# Mantente firme en los tiempos difíciles

Señor, gracias por ayudarme a permanecer firme en medio de la oposición del enemigo. Tú me armaste con fortaleza para la batalla (Salmo 18:39). Muchas veces «hubiera yo desmayado, si no creyese que veré la bondad de Jehová en la tierra de los vivientes» (Salmo 27:13). Ayúdame a llegar a ser fuerte en ti de modo que pueda permanecer sin vacilar, sin importar lo que pase. Enséñame a descansar en ti sabiendo que me darás lo que necesito para el momento en el que me encuentro. Estoy decidida a tener «por sumo gozo» cuando pase por pruebas, por la obra perfeccionadora que tú harás por mí (Santiago 1:2-4). «Si anduviere yo en medio de la angustia, tú me vivificarás» (Salmo 138:7).

Te lo pido en el nombre de Jesús.

# Niégate a darte por vencido

Señor, mi esperanza está en ti, y sé que nunca me fallarás. Gracias porque tu restauración es continua en mi vida. Estoy agradecida por ser tu hija y porque me has dado un propósito. Gracias por el gran futuro que tienes para mí porque tú me amas (1 Corintios 2:9). Gracias porque estoy completa en ti (Colosenses 2:10). Gracias porque nunca estoy sola (Mateo 28:20). Ayúdame a no pensar en darme por vencida cuando las cosas se pongan difíciles. Ayúdame a recordar que incluso en tiempos difíciles tú me ayudarás a perseverar. No dejes que me desanime en tiempos de espera. Sé que tu tiempo es perfecto y la manera en que haces las cosas es la debida.

Te lo pido en el nombre de Jesús.

# *Señor,* enséñame a ser poderoso en la oración

(Oraciones basadas en
*Guerrero de Oración*)

# Comprende que hay una guerra y que estás en ella

Señor, te pido que me ayudes a edificar mi vida sobre un fundamento sólido. Sé que no hay fundamento más sólido que el que se construye sobre la roca, que eres tú, Jesús, y tu Palabra (1 Corintios 3:11). No importa lo que se agite en torno a mí, pues tú me das un fundamento que nunca tiembla ni se destruye. Ayúdame a tener siempre en mente que soy una parte decisiva en la guerra entre tú y tu enemigo, y la victoria en mi vida depende de mi voluntad de escuchar tu llamado a orar. Conozco esta guerra espiritual en la que quieres que me involucre y sé que la oración *es* la batalla. Enséñame, Señor, a escuchar tu llamado y a orar en poder de la manera que quieres que lo haga.

Te lo pido en el nombre de Jesús.

# Conoce a tu Comandante y ponte de su lado

Señor, enséñame a ser el poderoso guerrero de oración que me llamaste a ser. Muéstrame cómo debo orar. Permíteme tomar el dominio de las obras de las tinieblas y a recuperar el territorio que me robó el enemigo, a mí y al resto de tu pueblo. Ayúdame a permanecer firme en la oración contra la intrusión del enemigo en mi vida, así como en la vida de otros. Permíteme servirte, guiado por tu Espíritu Santo en oración. Gracias, Señor, porque me protegerás a mí y a las personas por las que oro. Gracias por compartir tu poder conmigo, a fin de que pueda ganar cada batalla y derrotar al enemigo.

Te lo pido en el nombre de Jesús.

# Reconoce quién es tu verdadero enemigo

Señor, te doy gracias por habernos dado todo lo que necesitamos para permanecer firmes en contra del enemigo de nuestra alma. Eres tú el «que nos da la victoria por medio de nuestro Señor Jesucristo» (1 Corintios 15:57). Te reconozco como mi Comandante y me someto a ti como tu siervo. Ayúdame a servirte en oración, como me pides que lo haga. Permíteme oponerme a los planes del enemigo en oración. Siempre que trate de ocasionar confusión en mi vida, te pido que traigas confusión en *su* campo cuando oro. Sé que el enemigo no se compara contigo, y que la única manera en que obtiene poder es engañando a la gente para que crea sus mentiras. Apártame de todo engaño.

Te lo pido en el nombre de Jesús.

# Asegúrate de tu autoridad en oración

Señor, ayúdame a ser el guerrero de oración más eficiente posible. Enséñame a entender la autoridad que me diste en la oración. Permíteme usar esa autoridad para derribar fortalezas que el enemigo intentaría erigir en mi vida y en la vida de otros que tú pones en mi corazón. No permitas que dude que esté calificado para hacer esto porque solo *tú* me das todo lo que necesito para orar con poder. Recibo órdenes de ti y de nadie más. Tengo autoridad porque te tengo a ti. Permíteme, Espíritu Santo, escuchar siempre tu llamado a orar. Enséñame a descansar por completo en la autoridad que me diste como tu guerrero de oración.

Te lo pido en el nombre de Jesús.

# Ponte tu armadura protectora cada mañana

Señor, ayúdame a ponerme toda la armadura espiritual que me has provisto, a fin de que todos los días pueda «estar firmes contra las asechanzas del diablo» (Efesios 6:11). Ayúdame a ponerme la coraza de justicia que me protege de los ataques del enemigo. Sé que tu justicia *en* mí es la que me protege, pero también sé que no debo olvidar ponerme tu justicia como un chaleco antibalas al hacer lo que es agradable a tus ojos. Muéstrame lo que hice, o lo que estoy *a punto de* hacer, que no te glorifica. Quiero ver cualquier cosa en mí que viole tus altos estándares para mi vida, de manera que pueda confesarlo, alejarme de ello y ser limpio de cualquier perversidad.

Te lo pido en el nombre de Jesús.

# Conviértete en un experto en tus armas espirituales

Señor, ayúdame a entender cuáles son mis armas espirituales y a llegar a ser competente en su uso. Enséñame para que no olvide ni por un momento lo poderosas que son. Aumenta mi fe para creer en ti y en tu Palabra sin dudar. Sé que al igual que el cielo es más alto que la tierra, así son tus caminos más altos que mis caminos, y tus pensamientos más altos que mis pensamientos (Isaías 55:9). Ayúdame a pensar y a actuar más como tú cada vez que lea tu Palabra y pase tiempo en tu presencia. Permíteme conocer tu Palabra tan bien que tenga pasajes bíblicos en mi mente y corazón que lleguen a ser armas automáticas en contra del enemigo de mi alma.

Te lo pido en el nombre de Jesús.

# Observa lo que sucede desde la perspectiva de Dios

Señor, al igual que soportaste la cruz y el sufrimiento que le acompañaron, debido a que viste la gloria y el gozo que se pusieron ante ti a la diestra de tu Padre Dios, ayúdame a soportar lo que debo soportar por el gozo que está puesto delante de mí, sabiendo que derrotaste al enemigo y que pasaré la eternidad contigo. Gracias por el gozo de saber que ganamos porque conquistaste la muerte y derrotaste el infierno. Gracias porque me has dado una segunda oportunidad para hacer algo grande por ti. No importa lo que hiciera ni lo que sucediera en mi pasado, tú me seguirás usando para tus propósitos porque he comprometido mi vida contigo en todo sentido.

Te lo pido en el nombre de Jesús.

# Oración por una cobertura de protección

Señor, te pido que me cubras a mí y a mi familia con tu protección. Rodéanos con tus ángeles para alejarnos de peligro, accidentes, enfermedad o cualquier plan del enemigo para hacernos daño. Tú eres mi fortaleza y mi escudo, y confío en ti (Salmo 28:7). Gracias porque me alejas del daño y cuidarás mi entrada y mi salida, tanto ahora como en la eternidad (Salmo 121:8). «Tú eres mi escondedero y mi escudo; en tu palabra espero» (Salmo 119:114, LBLA). Gracias, Señor, porque tú «bendices a los justos; cual escudo los rodeas con tu buena voluntad» (Salmo 5:12, NVI®). Gracias porque en tiempo de problemas me esconderás del enemigo en un lugar secreto.

Te lo pido en el nombre de Jesús.

# Oración por sanidad

SEÑOR, te doy gracias porque eres el Dios que sana. Gracias, Jesús, porque cargaste «con nuestras enfermedades», soportaste «nuestros dolores» y fuiste «traspasado por nuestras rebeliones» y por tus «heridas fuimos sanados» (Isaías 53:4-5, NVI®). Gracias porque tomaste «nuestras enfermedades» y llevaste «nuestras dolencias» (Mateo 8:17, RVC). Por la autoridad que se me ha dado en el nombre de Jesús, te pido sanidad para (nombre de la persona que necesita sanidad). Te ruego que ningún plan del enemigo para la destrucción de esta persona tenga éxito. Dale sanidad a cada parte de su cuerpo. Ya sea que esta enfermedad se sane al instante o requiera de un período de convalecencia, te doy la gloria como nuestro Creador y Sanador.

Te lo pido en el nombre de Jesús.

# Oración por provisión

SEÑOR, sé que el enemigo puede usar nuestras finanzas como un punto de ataque, por lo que quiero cubrirlas en oración. Me someto a mí mismo, a mis finanzas y a todo lo que tengo a ti. Gracias por las muchas bendiciones que me has dado. Ayúdame a glorificarte en todo lo que hago con todo lo que tengo. Sé que todas las cosas buenas vienen de ti. Ayúdame a agradarte con mis pagos, con lo que doy, con mis compras y con mis gastos. Tu Palabra dice que «la bendición del SEÑOR es la que enriquece, y Él no añade tristeza con ella» (Proverbios 10:22, LBLA). Te pido que el enemigo no pueda robarnos ni arrebatarnos nada a mí ni a mi familia. Ayúdanos a ser buenos administradores de todo lo que nos has dado.

Te lo pido en el nombre de Jesús.

# Oración para que otros sean salvos

Señor, tú dices: «Yo soy la puerta; el que por mí entrare, será salvo; y entrará, y saldrá, y hallará pastos» (Juan 10:9). «Y yo les doy vida eterna; y no perecerán jamás, ni nadie las arrebatará de mi mano» (Juan 10:28). Te pido que las personas que eleve ante ti pasen por esa puerta a la vida eterna y no la arrebaten de tu mano. Ayúdalas a escuchar tu Palabra y a creerla. Te pido que incluso ahora el enemigo no las pueda cegar ni arrebatar de ti. Las reclamo para tu reino. Ayúdalas a conocer tu gran regalo para nosotros, el cual es vida eterna contigo.

Te lo pido en el nombre de Jesús.

# Oración por fortaleza en la batalla

Señor, te doy gracias porque «me has ceñido con fuerzas para la batalla; has subyugado debajo de mí a los que contra mí se levantaron» (2 Samuel 22:40, NBLH). Señor, que tu poder se perfeccione en mi debilidad (2 Corintios 12:9). Te ruego que tu poder descanse en mí porque tú eres mi fortaleza. Tú eres «la fortaleza de mi vida; ¿de quién he de atemorizarme?» (Salmo 27:1). Te suplico que me saques de cualquier red que el enemigo haya escondido para mí porque tú eres mi refugio (Salmo 31:4). La batalla específica que enfrento ahora es (nombra la batalla que enfrentas). Ayúdame a permanecer firme con tu armadura puesta y a tener listas las armas que me diste para su uso.

Te lo pido en el nombre de Jesús.

# Oración por liberación y libertad

Señor, sé que el enemigo quiere que todos vivamos en condenación, pero tú nos liberas de nuestros pecados y de sus consecuencias si los confesamos ante ti. Gracias porque si te confieso mis pecados, tú eres fiel y justo para perdonar mi pecado y limpiarme de toda maldad (1 Juan 1:9). «Dios, tú conoces mi insensatez, y mis pecados no te son ocultos» (Salmo 69:5). Líbrame de mis pecados, porque «como pesada carga, pesan mucho para mí» (Salmo 38:4, NBLH). Me niego a permitir que el enemigo de mi alma me lance la culpa a mi cara. Tu sangre en la cruz, Jesús, pagó el precio de mis pecados.

Te lo pido en el nombre de Jesús.

# *Señor,* queremos ser grandes padres

(Oraciones basadas en *El poder de los padres que oran*)

# Transformémonos en padres que oran

Señor, que la belleza de tu Espíritu esté de forma tan evidente en mí que sea un piadoso modelo a imitar para mi hijo. Enséñame cómo amar de la manera que amas tú. Dame las habilidades de comunicación, enseñanza y crianza que debo tener. Transfórmame en el tipo de padre que quieres que sea y enséñame cómo orar e interceder en verdad por su vida. Sé que necesito tu ayuda. Tú dijiste en tu Palabra: «Cualquier cosa que pidan en oración la recibirán si de veras creen» (Mateo 21:22, LBD). En el nombre de Jesús te pido que aumentes mi fe para creer todas las cosas que has puesto en mi corazón para que ore concerniente a mi hijo.

Te lo pido en el nombre de Jesús.

# Pongo a mi hijo en las manos de Dios

Gracias, Señor, por el precioso regalo de mi hijo. Debido a que tu Palabra dice que toda buena dádiva desciende de ti, sé que tú me lo has dado para que lo cuide y lo críe. Ayúdame a hacerlo. Muéstrame los lugares en los que lo tengo agarrado y permíteme ponerlo bajo tu protección, dirección y consejo. Ayúdame a no vivir en el temor de posibles peligros, sino en el gozo y la paz de saber que tú tienes el control. Estoy agradecido que no tenga que depender del voluble mundo, ni de los siempre cambiantes métodos de la crianza de los hijos, sino que puedo tener claras direcciones de tu Palabra y sabiduría mientras oro a ti por respuestas. Cuento contigo en todo, y este día te confío mi hijo y lo pongo en tus manos.

Te lo pido en el nombre de Jesús.

# Que procure la protección del mal

Señor, elevo a (nombre del hijo) ante ti y te pido que pongas cerca de protección a su alrededor. Protege su espíritu, cuerpo, mente y emociones de cualquier tipo de mal o daño. Te ruego de manera específica por protección de accidentes, enfermedades, lesiones o cualquier otro abuso físico, mental o emocional. Mantenlo a salvo en todo lo que haga y a dondequiera que vaya. Protégelo de cualquier peligro oculto y no permitas que prospere ninguna arma forjada en su contra. Te pido que se ampare «en la sombra de tus alas» hasta «que pasen los quebrantos» (Salmo 57:1). Escóndelo de cualquier clase de influencias malignas que pudieran venir en su contra.

Te lo pido en el nombre de Jesús.

# Que se sienta amado y aceptado

Señor, te ruego que me ayudes a amar a este hijo de una manera incondicional como lo haces tú, y permíteme mostrárselo de una forma que lo perciba. Revélame cómo puedo demostrarle y modelarle tu amor, a fin de que lo comprenda con claridad. Te pido que toda mi familia lo ame y acepte, y que encuentre favor con las demás personas también. A medida que crece cada día en la seguridad de ser amado y aceptado, y llega a comprender del todo la profundidad de tu amor por él, conviértelo en una vasija a través de la cual fluya tu amor a otros.

Te lo pido en el nombre de Jesús.

# Que establezca un futuro eterno

Señor, traigo a (nombre del hijo) ante ti y te pido que le ayudes a crecer en una profunda comprensión de quién eres tú. Abre su corazón y llévalo a un total conocimiento de la verdad sobre ti. Señor, tú dijiste en tu Palabra: «Si confesares con tu boca que Jesús es el Señor, y creyeres en tu corazón que Dios le levantó de los muertos, serás salvo» (Romanos 10:9). Te ruego por ese tipo de fe para mi hijo. Que te llame su Salvador, que reciba la plenitud de tu Espíritu Santo, te reconozca en cada esfera de su vida y que siempre decida seguirte a ti y tus caminos. Ayúdalo a creer por completo que Jesús entregó su vida por él, a fin de que ahora pueda tener vida eterna y en abundancia.

Te lo pido en el nombre de Jesús.

# Que honre a los padres y se resista a la rebelión

Señor, tu Palabra instruye: «Hijos, obedezcan a sus padres en todo, porque esto agrada al Señor» (Colosenses 3:20, NVI®). Te ruego que vuelvas el corazón de (nombre del hijo) hacia sus padres y le permitas honrarlos y obedecerlos a fin de que su vida sea larga y buena. Vuelve su corazón hacia ti de modo que todo lo que haga sea agradable a tus ojos. Que aprenda a identificar y enfrentar el orgullo y la rebelión personal, y esté dispuesto a confesarlos y arrepentirse. Haz que se sienta molesto con el pecado. Ayúdalo a conocer la belleza y la sencillez de andar con un dulce y humilde espíritu en obediencia y sumisión a ti.

Te lo pido en el nombre de Jesús.

# Que mantenga buenas relaciones familiares

Señor, te pido que le enseñes a mi hijo a resolver los malentendidos de acuerdo con tu Palabra. Y si ya comenzó alguna división, si alguna relación está tirante o rota, Señor, te ruego que elimines la cuña de división y traigas sanidad. Te pido que no exista tensión, brecha, malentendidos, discusión, peleas ni separación de lazos. Dale un corazón de perdón y reconciliación. Tu Palabra nos instruye que seamos todos «de un mismo sentir, compasivos, fraternales, misericordiosos y de espíritu humilde» (1 Pedro 3:8, LBLA). Por consiguiente, ayúdalo a que viva esforzándose «por mantener la unidad del Espíritu mediante el vínculo de la paz» (Efesios 4:3, NVI®). Te pido que le infundas amor y compasión fuerte e inagotable por toda la familia, como un cordón que no se puede romper.

Te lo pido en el nombre de Jesús.

# Que desarrolle un hambre por las cosas de Dios

Señor, te ruego que (nombre del hijo) tenga un hambre cada vez mayor de ti. Que anhele tu presencia, deseando pasar tiempo contigo en oración, alabanza y adoración. Dale un anhelo por la verdad de tu Palabra y amor por tus leyes y tus caminos. Enséñale a vivir por fe y a dejarse guiar por el Espíritu Santo, contando con la disponibilidad de hacer lo que le dices que haga. Que una profunda reverencia y amor por ti y tus caminos influyan en todo lo que haga y en cada decisión que tome. Que no sea sabio en su «propia opinión», sino que tema «al Señor» y se aparte «del mal» (Proverbios 3:7, RVC).

Te lo pido en el nombre de Jesús.

# Que siga la verdad y rechace la mentira

Señor, te ruego que llenes a (nombre del hijo) con tu Espíritu de verdad. Dale un corazón que ame la verdad y la siga, rechazando toda mentira como una manifestación del enemigo. Haz salir cualquier cosa que pudiera abrigar un espíritu de mentira y límpialo de cualquier muerte que haya entrado con sigilo como resultado de mentiras que quizá dijera o pensara. Ayúdalo a comprender que cada mentira le da al diablo un pedazo de su corazón, y dentro del hoyo que deja viene la confusión, y la separación de tu presencia. Líbralo de cualquier espíritu de mentira. Te pido que no lo cieguen ni lo engañen, sino que siempre sea capaz de comprender con claridad tu verdad.

Te lo pido en el nombre de Jesús.

# Que identifique los dones y talentos dados por Dios

Señor, gracias por los dones y talentos que has puesto en (nombre del hijo). Haz que sean evidentes para mí y para él, y muéstrame de manera específica si hay algún apoyo especial, preparación, experiencia de aprendizaje u oportunidades que deba proveerle. Tu Palabra dice: «Teniendo dones que difieren, según la gracia que nos ha sido dada, usémoslos» (Romanos 12:6, LBLA). A medida que reconoce los talentos y las habilidades que le has dado, te pido que ningún sentimiento de incompetencia, temor o duda le impida usarlos de acuerdo a tu voluntad. Que escuche el llamado que tienes para su vida, a fin de que no se pase una eternidad tratando de imaginarse cuál es o que se lo pierda por completo.

Te lo pido en el nombre de Jesús.

# Que tenga buen juicio

Señor, gracias porque nos prometiste un buen juicio. Descanso en esa promesa para (nombre del hijo). Te ruego que su mente sea clara, ágil, brillante, inteligente, estable, pacífica y despejada. Te pido que no haya confusión, ni torpeza, ni desequilibrio, ni distracción, desorganización, ni pensamiento negativo. Te ruego que su mente no esté llena de complejos ni de pensamientos confusos. En su lugar, dale una mente lúcida de modo que sea capaz de pensar siempre con claridad. Dale la habilidad de tomar buenas decisiones, a fin de comprender todo lo que necesita saber, y que logre enfocarse en lo que le hace falta hacer. Donde exista ahora cualquier inestabilidad mental, declaro sanidad en el nombre de Jesús.

Te lo pido en el nombre de Jesús.

# Que busque la pareja adecuada

Señor, te ruego que a menos que no sea tu plan para que (nombre del hijo) permanezca soltero, le envíes la pareja adecuada para su matrimonio. Envíala en el tiempo perfecto, y dale una clara dirección en lo que a esto se refiere. Te ruego que mi hijo sea lo bastante sumiso para escuchar tu voz cuando llegue el momento de tomar una decisión matrimonial, y que tome esa decisión basado en lo que le dices y no solo en el deseo carnal. Te pido que confíe en ti con todo su corazón y que no se apoye en su propio entendimiento; que te reconozca en todos sus caminos a fin de que tú endereces sus sendas (Proverbios 3:5-6, LBLA). Que tenga una maravillosa pareja para toda la vida.

Te lo pido en el nombre de Jesús.

# Que busque sabiduría y discernimiento

Señor, te pido que le des los dones de sabiduría, discernimiento y revelación a (nombre del hijo). Ayúdalo a confiar en ti con todo su corazón y a no apoyarse en su propio entendimiento, sino que te reconozca en todos sus caminos a fin de que pueda escuchar tu clara dirección en cuanto a qué camino tomar (Proverbios 3:5-6). Ayúdalo a discernir el bien del mal y a ser sensible a la voz de tu Espíritu Santo diciendo: «Este es el camino; síguelo» (Isaías 30:21, NVI®). Sé que gran parte de la felicidad de su vida depende de obtener sabiduría y discernimiento, lo cual dice tu Palabra que trae larga vida, salud, reconocimiento, protección, disfrute, contentamiento y felicidad. Permite que todas estas cosas vengan a su vida debido a tu don de sabiduría.

Te lo pido en el nombre de Jesús.

# *Señor,* muéstrame cómo orar por mis hijos adultos

(Oraciones basadas en *El poder de la oración por tus hijos adultos*)

# Ora para que tus hijos adultos vean a Dios derramar su Espíritu en su vida

Señor, tú dijiste que en los últimos días derramarías tu Espíritu en toda carne. Clamo a ti desde lo más profundo de mi corazón y te pido que derrames tu Espíritu Santo en mis hijos adultos. Derrama tu Espíritu en mí y en los demás integrantes de mi familia también. Derrama tu Espíritu en todos sus parientes políticos, presentes y futuros. Derrama tu Espíritu en cualquier circunstancia difícil que cada uno de mis hijos adultos esté enfrentando. Sé el Señor en cada parte de sus vidas y en cada aspecto de su ser. Habla al corazón de mis hijos adultos y ayúdalos a escucharte. Permíteles comprender tu guía y dirección para sus vidas.

Te lo pido en el nombre de Jesús.

# Ora para que tus hijos adultos desarrollen un corazón para Dios, su Palabra y sus caminos

Señor, te ruego que (nombre de tu hijo adulto) ame tu Palabra y que alimente su corazón con ella cada día. Háblale a su corazón y dale vida a cada palabra para que sea viva en él. Enséñale tus caminos y tus leyes y permítele hacer lo bueno. Te pido que acalles la voz del enemigo para que escuche a tu Espíritu Santo que le habla a su corazón. Tú dices en tu Palabra que cuando alguien aparta su oído de escuchar la ley, incluso su oración es una abominación (Proverbios 28:9). Te ruego que nunca ensordezca sus oídos a tus leyes.

Te lo pido en el nombre de Jesús.

# Ora para que tus hijos adultos crezcan en sabiduría, discernimiento y revelación

Señor, te ruego que (nombre de tu hijo adulto) tenga la sabiduría que viene por medio de tu Espíritu Santo (1 Corintios 12:8). Ayúdalo a ser fuerte y que se niegue a caer en los caminos de los insensatos. Ayúdalo a tener sabiduría para nunca blasfeme en contra de tu nombre. Dale una convicción fuerte a su corazón cuando se vea tentado. A cambio, te pido que «broten de su garganta alabanzas a Dios, y haya en sus manos una espada de dos filos» (Salmo 149:6, NVI®). Dale la sabiduría que lo aparte del peligro y lo proteja del mal. Dale una profunda percepción de la verdad y la capacidad de tomar información y hacer juicios acertados en cuanto a ella.

Te lo pido en el nombre de Jesús.

# Ora para que tus hijos adultos entiendan el propósito de Dios para sus vidas

Señor, te ruego por (nombre de tu hijo adulto) para que tenga una razón de ser en su vida y la capacidad de comprender ese propósito con claridad. Dale el Espíritu de sabiduría y revelación, a fin de que se iluminen los ojos de su entendimiento. Ayúdalo a saber cuál es la esperanza de tu llamado y cuál es la supereminente grandeza de tu poder en él (Efesios 1:17-19). Te pido que tus planes de cumplir el destino y el propósito que tienes para él tengan éxito, y no los planes del enemigo. Permítele alejarse de todas las distracciones de este mundo y que se vuelva a ti para escuchar tu voz.

Te lo pido en el nombre de Jesús.

# Ora para que tus hijos adultos trabajen con éxito y tengan estabilidad financiera

Señor, pido tus bendiciones para (nombre de tu hijo adulto). Bendice el trabajo de sus manos en todo sentido. Dale una fuerte razón de ser que le guíe a la ocupación adecuada y que siempre esté en el trabajo o puesto que es tu voluntad para su vida. Háblale acerca de para qué lo creaste, a fin de que nunca deambule de trabajo en trabajo sin un propósito. Ayúdalo a encontrar un gran propósito en cada trabajo que haga. Derrama tu Espíritu Santo en él y ayúdalo para que «nunca dejen de ser diligentes; antes bien, sirvan al Señor con el fervor que da el Espíritu» (Romanos 12:11, NVI®).

Te lo pido en el nombre de Jesús.

# Ora para que tus hijos adultos resistan las malas influencias y el comportamiento destructivo

Señor, te pido que le des a (nombre de tu hijo adulto) el discernimiento que necesita para entender la opción clara entre el bien y el mal, entre lo bueno y lo malo, entre lo que da vida y lo que la destruye, y entre el camino a la seguridad y a un buen futuro y a un callejón sin salida. Te pido que no permitas que el mundo lo moldee, sino que más bien lo moldees tú. Sé que la influencia del enemigo puede entrar de manera muy sutil, casi inadvertida, hasta que ya es demasiado tarde. Aun así, te pido que, con la sabiduría y discernimiento que da el Espíritu Santo, pueda estar preparado para el enemigo y anticipar sus planes.

Te lo pido en el nombre de Jesús.

# Ora para que tus hijos adultos eviten toda contaminación y tentación sexual

Señor, ayuda a mi hijo adulto para que huya de la contaminación sexual, la aleje de sí, no la vea ni caiga en ella. Dale la convicción de cambiar el canal; cerrar el sitio web; desechar la revista, el DVD o el CD; o de salir del cine (Proverbios 27:12). Haz que entienda que cualquier desviación del camino que tienes para él, aunque solo ocurra en su mente, será una trampa para que caiga en ella y una emboscada para su alma. Permite que se encuentre en el terreno sólido de la pureza a tus ojos. Ayúdalo a guardar tu Palabra en su corazón para que no peque contra ti (Salmo 119:9-11).

Te lo pido en el nombre de Jesús.

# Ora para que tus hijos adultos experimenten la sanidad de Dios

Señor, te pido que (nombre de tu hijo adulto) aprenda a orar con poder por su sanidad. Despiértale una gran fe en el nombre de Jesús. Dale entendimiento para reclamar la sanidad que se logró en la cruz. Te pido que toques cualquier lugar de su cuerpo donde haya enfermedad, dolencia, padecimiento o lesión, y que le des una sanidad completa. Ayúdalo a no rendirse de orar hasta que vea la sanidad total que tienes para él. Ya sea que su sanidad sea instantánea o que se manifieste en una recuperación gradual, te agradezco con antelación por el milagro de sanidad que harás en su cuerpo.

Te lo pido en el nombre de Jesús.

# Ora para que tus hijos adultos experimenten buena salud

Señor, te pido que (nombre de tu hijo adulto) disfrute de buena salud y de una vida larga. Dale la sabiduría y el conocimiento necesarios para reconocer que su cuerpo es templo de tu Espíritu Santo y que hay que cuidarlo y nutrirlo, y no descuidarlo ni maltratarlo. Ayúdalo a valorar la buena salud como un regalo tuyo que hay que proteger y no desaprovecharlo en una vida tonta o descuidada. Enséñale a tomar decisiones sabias y a rechazar cualquier cosa que menoscabe su buena salud. Revélale cualquier verdad que tenga que verse y dale entendimiento. Enséñale a ser disciplinado en la manera de comer, ejercitarse y de tener un descanso apropiado.

Te lo pido en el nombre de Jesús.

# Ora para que tus hijos adultos disfruten un matrimonio de éxito y críen hijos piadosos

Señor, te pido por (nombre de tu hijo adulto) y te ruego que le des el cónyuge idóneo. Trae a una persona piadosa a su vida, quien esté a su lado por el resto de su vida en un matrimonio gratificante y feliz. Te pido que tenga un corazón de pureza, así como una naturaleza y un carácter que sea misericordioso, amable, generoso y amoroso. Te ruego que siempre se atraigan el uno al otro de una manera que sea perdurable. Sobre todo, te pido que tengan un gran y duradero amor entre sí. Mora en su matrimonio, Señor, y hazlo como tú quieres que sea.

Te lo pido en el nombre de Jesús.

# Ora para que tus hijos adultos mantengan relaciones fuertes y satisfactorias

Señor, te suplico que (nombre de tu hijo adulto) tenga amigos que le digan la verdad en amor (Proverbios 27:6). Te pido por amigos que sean sabios (Proverbios 13:20) y que siempre le brinden un fuerte apoyo (Eclesiastés 4:9-10). Te ruego que cada relación de su vida te glorifique a ti. Además, te suplico que tenga buenas relaciones con sus padres, hermanos y otros familiares. Bendice esas relaciones con amor profundo, gran compasión, comprensión mutua y buena comunicación. Donde haya brechas o lugares ásperos en cualquiera de esas relaciones, te ruego que lleves paz, sanidad y reconciliación. Te suplico que el enemigo no pueda romper ninguna relación familiar ni amistad.

Te lo pido en el nombre de Jesús.

# Ora para que tus hijos adultos estén protegidos y sobrevivan en tiempos difíciles

Señor, te pido que rodees a mis hijos adultos con tus ángeles para que los cuiden y no tropiecen (Salmo 91:12). Ayúdalos a escuchar tu voz que los guía, y enséñales a obedecerte para que siempre estén en tu voluntad y en el lugar adecuado, a la hora apropiada. Te pido que «el temor del Señor» sea para ellos «un manantial de vida» que les sirva para apartarlos «de los lazos de la muerte» (Proverbios 14:27, RVC). Te ruego que mantengas tus ojos en ellos y que ellos no aparten sus ojos de ti. Ayúdalos a que aprendan a habitar bajo tu sombra donde están protegidos (Salmo 91:1).

Te lo pido en el nombre de Jesús.

# Ora para que tus hijos adultos reconozcan su necesidad de Dios

Señor, te pido que ayudes a (nombre de tu hijo adulto) a fin de que reconozca su necesidad de ti. Ayúdalo a entender que tú conoces sus necesidades incluso mejor que él (Lucas 12:29-30). Enséñale a buscarte como su escondite y esperanza (Salmo 119:114, NVI®). Fortalécele para que decida guardar tus mandamientos y «apartarse» de quienes lo alejarían de ti (Salmo 119:115). Te ruego que le enseñes tus caminos, «como acostumbras con los que aman tu nombre» (Salmo 119:124, 132). Ayúdame a vivir a tu manera y a ser un claro ejemplo de lo que es depender por completo de ti, de modo que se inspire a andar de esa misma manera (1 Juan 5:2).

Te lo pido en el nombre de Jesús.

# Ora para que tus hijos adultos caminen hacia el futuro que Dios les tiene deparado

Señor, te pido que (nombre de tu hijo adulto) tenga un futuro que sea bueno, largo, próspero y seguro porque está en tus manos. Gracias porque tus pensamientos hacia él son pensamientos de paz, y para darle un futuro y una esperanza (Jeremías 29:11). Vuelve su corazón hacia ti para que siempre tenga tu voluntad y tus caminos en mente. Impide que pierda el tiempo en un camino que tú no bendecirás. Ayúdalo a correr la carrera de la manera adecuada, a fin de que termine fuerte y reciba el premio que le tienes reservado (1 Corintios 9:24). Te ruego que nada lo separe de ti (Romanos 8:38-39).

Te lo pido en el nombre de Jesús.

# *Señor,* gracias por la presencia de tu Espíritu Santo en mi vida

(Oraciones basadas en *Guíame, Espíritu Santo*)

## Guiado para recibir la relación con Dios que siempre has necesitado

Señor, ayúdame a conocerte más. Permíteme entender por completo mi relación contigo por medio de Jesús, tu Hijo. Ayúdame, Jesús, a comprender todo lo que lograste por mí en la cruz. Gracias por tu sufrimiento y tu muerte que me han salvado de las consecuencias de mis propios pensamientos y actos malos. Estoy eternamente agradecido porque después que te crucificaron, resucitaste de los muertos para demostrar que eres quien dices que eres y que tus palabras y promesas no fallan. Declaro que eres Señor sobre cada aspecto de mi ser. Gracias por perdonarme todos mis pecados, darme un nuevo inicio en mi vida y la promesa de la eternidad contigo.

Te lo pido en el nombre de Jesús.

# Guiado para recibir la libertad y la plenitud que Dios tiene para ti

Señor, ayúdame a recibir la plenitud que tienes para mí. Líbrame de cualquier cosa que me impida convertirme en todo para lo que me creaste. Gracias, Espíritu Santo, porque puedo encontrar libertad en tu presencia (2 Corintios 3:17). Libérame de cualquier cosa en mí o alrededor de mí que no sea tu voluntad para mi vida. Libérame de cualquier obra mala. Aquieta mi mente, limpia mi corazón, sana cualquier emoción negativa, y libérame de cualquier cosa que no sea de ti. Gracias porque tu continuarás liberándome hasta que sea pleno por completo. Permíteme que permanezca firme y no vuelva a caer en cualquier clase de esclavitud o error.

Te lo pido en el nombre de Jesús.

# Guiado para recibir la herencia guardada para ti como hijo de Dios

Señor, gracias porque eres mi Padre celestial y me hiciste tu hijo (1 Juan 3:1). Estoy muy agradecido por la herencia que me diste y porque me hiciste coheredero con Cristo. Ayúdame a entender todo lo que esto significa y cómo disfrutar lo que tienes para mi vida. Espíritu Santo, vengo ante ti y te pido que le hables a mi corazón acerca de cualquier cosa que deba conocer. Muéstrame lo que tú quieres que vea. Permíteme seguir tu dirección a medida que avanzo hacia esta herencia santa y descubro todo lo que has provisto para mi vida.

Te lo pido en el nombre de Jesús.

# Guiado para llenarte de su sabiduría y su revelación

Señor, te doy gracias por tu Espíritu Santo de sabiduría y revelación que vive en mí. Gracias porque tu sabiduría me da el sentido común y la capacidad para tomar decisiones y hacer elecciones sabias. Gracias porque les das sabiduría a los que te la piden (Santiago 1:5). Ayúdame a buscar siempre tu sabiduría y no la del mundo, y a saber bien la diferencia. Te pido que tenga la sabiduría que necesito con el fin de mantenerme a salvo y libre del «mal camino» (Proverbios 2:10-12). Revélame todas las cosas que debo entender. Dame la revelación que necesito cuando la necesite.

Te lo pido en el nombre de Jesús.

# Guiado para llenarte de su amor y su esperanza

Señor, gracias por tu Espíritu de amor que mora en mi corazón, a fin de que esté lleno de esperanza. Ayúdame a comprender la anchura, la longitud, la profundidad y la altura de tu amor (Efesios 3:18). Permíteme recibir a cada momento el amor de Cristo que excede todo entendimiento, de modo que pueda ser lleno de toda la plenitud de Dios (Efesios 3:19). Enséñame a amar a otros de la manera que lo haces tú. Sé que aunque hable como un ángel pero no tengo amor, solo estoy haciendo ruido; y que si tengo la fe que mueve una montaña pero no tengo amor, «nada soy» (1 Corintios 13:1-2). Espíritu de amor y esperanza, fluye siempre con poder a través de mí.

Te lo pido en el nombre de Jesús.

# Guiado para escuchar la Palabra de Dios en tu mente

Señor, te pido que tu Espíritu Santo, que inspiró la redacción de las Escrituras, haga que tu Palabra cobre vida en mi corazón cada vez que la lea o la escuche. Ayúdame a retenerla. Prepárame con tu Palabra para que sea completo y esté preparado por entero para todo lo que quieres que haga. Haz que tu Palabra llegue a ser parte del tejido de mi ser. Téjela en mi alma para que forme lo que soy. Ayúdame a escuchar tu Palabra que me habla cada vez que la leo. No permitas que descuide tu ley y que motive que mis oraciones lleguen a ser una abominación (Proverbios 28:9). Quiero vivir en la paz que tienes para los que aman tu ley (Salmo 119:165).

Te lo pido en el nombre de Jesús.

# Guiado para escuchar la voz de Dios en tu corazón

Señor, ayúdame a escuchar tu voz que me habla cuando leo tu Palabra, a fin de que también pueda reconocer tu voz que le habla a mi corazón en otras ocasiones. Sé que te importan los detalles de mi vida, por lo que te pido que me ayudes a entender cuando me das instrucciones específicas. No permitas que me mueva hacia algo antes de saber lo que tú me guías a hacer. Si hay palabras que quieres que le diga a otra persona, dame la «lengua de sabios», de modo que sepa «hablar palabras al cansado» (Isaías 50:4). Enséñame a escuchar tu voz y seguir tu dirección en mi vida.

Te lo pido en el nombre de Jesús.

# Guiado para adorarle con todo tu corazón

Señor, no quiero ser un débil, ineficaz o indiferente adorador de ti. Tú eres todo para mí. No quiero ser como la gente de tu Palabra que lo tuvo todo, tu presencia y tu Espíritu Santo en ella, y que lo perdió porque sus corazones estaban lejos de ti. Enséñame a adorarte con todo mi corazón, con todo lo que hay en mí. «Mi alma está apegada a ti» (Salmo 63:8, RVC). No quiero que mi adoración refleje jamás otra cosa que no sea la reverencia total a ti. Perdóname por algún momento en el que no te he dado toda la adoración que mereces. Ayúdame a hacer de la adoración a ti el primer sitio al que corra cuando tenga preocupaciones.

Te lo pido en el nombre de Jesús.

# Guiado para estar apartado del mundo

Señor, ayúdame a apartarme del mundo y, aun así, estar en él de una manera eficaz para hacer tu voluntad. Muéstrame cómo vivir en este mundo y ser tu luz que se extienda sin dejarme arrastrar ni influir por todo lo que sea oscuro y peligroso para mi vida. Fortaléceme para rechazar toda la presión de grupo para que sea algo distinto a lo que tú quieres que sea. Muéstrame dónde he cedido a ciertas prácticas de la cultura que no son agradables a ti. Ayúdame a dejar cualquier cosa que contamine mi mente. Abre mis ojos a las cosas que me he acostumbrado y que no debería tener.

Te lo pido en el nombre de Jesús.

# Guiado para ver el propósito en tu motivo para levantarte cada día

Señor, ayúdame a estar lleno de la percepción de tu amor, gozo, paz y propósito cada mañana cuando me levante. Permíteme tener la certeza de que estás conmigo y que no estoy solo. Fortalece mi fe para entender con seguridad que tú, Espíritu Santo, me guiarás en cada paso de mi camino. Ayúdame a ver tu propósito para mi vida, de modo que permanezca en el buen camino. En los casos en que mi visión de tu propósito para mi vida se llegue a nublar, dame claridad. Mi alma espera en ti, Señor, más que los centinelas a la mañana (Salmo 130:5-6). Gracias, Señor, porque tú cumplirás tu «propósito en mí» (Salmo 138:8).

Te lo pido en el nombre de Jesús.

# Guiado para ver el propósito en los dones que Dios ha puesto en ti

Señor, te ruego que me reveles los dones y talentos que has puesto en mí. Permíteme entender su valor para ti. Cuando los dones que quiero no encajen con los dones que tengo, ayúdame a someter esos deseos a ti y a permitir que tú tengas el control. Desarrolla los dones que has puesto en mí para que lleguen a ser útiles para tu reino. Enséñame a moverme en excelencia con ellos, sabiendo siempre que yo no los he perfeccionado, sino que lo has hecho tú. Te pido que cualquier inseguridad en mí, que sé que en realidad es falta de fe en tu capacidad de guiarme y sustentarme, no me controle para usar los dones que has puesto en mí.

Te lo pido en el nombre de Jesús.

# Guiado para orar por todo el tiempo que sea necesario

Señor, te pido que me ayudes a no darme por vencido con la oración cuando no vea las respuestas a mis oraciones de inmediato o porque mis oraciones no se respondan con exactitud a como las pedí. En cuanto a las cosas que son más urgentes en mi corazón, permíteme orar por el tiempo que sea necesario. Ayúdame a no cansarme de hacer el bien, porque sé que «a su tiempo segaremos, si no desmayamos» (Gálatas 6:9). Gracias porque siempre escuchas y siempre respondes, a tu manera y en tu tiempo. Te he puesto siempre delante de mí, Señor, y porque estás conmigo, no seré conmovido (Salmo 16:8).

Te lo pido en el nombre de Jesús.

# Guiado para seguir a Dios hacia el lugar adecuado en el tiempo apropiado

Señor, Espíritu Santo, a todo lo que tienes para mí hoy. Guíame al lugar donde debo estar. Ayúdame a no resistirme a tu dirección o, lo que es peor, a no oírte por completo. Cuando haya veces en que sea difícil determinar lo que es adecuado, revélamelo por tu Espíritu. Ayúdame a hacer lo que es bueno a tus ojos, Señor, para que me vaya bien y pueda entrar a poseer todo lo que tienes para mí (Deuteronomio 6:18). Quiero estar siempre en el lugar apropiado en el tiempo adecuado, y sé que no es posible si no sigo la guía de tu Espíritu y no espero tu dirección.

Te lo pido en el nombre de Jesús.

# Guiado para guiar a otros para encontrar la esperanza en el Señor

Señor, ayúdame a comunicarles la esperanza que tengo en ti a otros que necesitan escucharlo. Enséñame a percibir cuando alguien esté desanimado y desesperado. Permíteme estar siempre preparado «para presentar defensa con mansedumbre y reverencia ante todo el que» me demande razón de la esperanza que hay en mí (1 Pedro 3:15). Permíteme guiar a otros para que vean la esperanza que tienen en ti también. Sé que tus ojos están en los que te temen y que ponen su esperanza en ti y en tu misericordia (Salmo 33:18). Me comprometo contigo como obrero en tu campo y digo: «Yo esperaré siempre, y te alabaré más y más» (Salmo 71:14).

Te lo pido en el nombre de Jesús.

# *Señor,* quiero reflejar tu corazón

(Oraciones basadas en *El poder de la mujer que ora*)

# Señor, llévame a un andar más íntimo contigo

Señor, me acerco a ti este día, agradecida de que te acercarás a mí como prometes en tu Palabra (Santiago 4:8). Anhelo habitar en tu presencia y mi deseo es conocerte en cada forma en que puedes ser conocido. Enséñame lo que necesito para que te pueda conocer mejor. No deseo ser de las personas que «siempre están aprendiendo, pero nunca logran conocer la verdad» (2 Timoteo 3:7, NVI®). Quiero saber la verdad acerca de quién eres, pues sé que estás cerca de todos los que te invocan de veras (Salmo 145:18). Llévame más cerca de ti para que pueda habitar en tu presencia como nunca antes.

Te lo pido en el nombre de Jesús.

# Señor, límpiame y haz mi corazón recto delante de ti

Señor, vengo con humildad delante de ti y te pido que limpies mi corazón de cada falta y que renueves un espíritu recto dentro de mí. Perdona los pensamientos que he tenido, las palabras que he hablado y las cosas que he hecho que no te han glorificado y que están en directa contradicción con tus mandamientos. Sobre todo, confieso ante ti (nombra cualquier pensamiento, palabra o acción que sabes que no agrada a Dios). Lo confieso como pecado y me arrepiento de ello. Decido alejarme de este patrón de pensamiento o de acción y vivir a tu manera. Sé que eres «bondadoso y compasivo, lento para la ira y lleno de amor» (Joel 2:13, NVI®). Perdóname por dar esto por sentado.

Te lo pido en el nombre de Jesús.

# Señor, ayúdame a ser perdonadora

Señor, ayúdame a ser perdonadora. Muéstrame cuando no lo sea. Si tengo algún enojo, amargura, resentimiento o falta de perdón que no esté reconociendo, revélamelo y lo confesaré a ti como pecado. De manera específica te pido que me ayudes a perdonar por completo a (nombra a alguien que sientas que necesitas perdonar). Hazme comprender la profundidad de tu perdón hacia mí, a fin de que no guarde ninguna falta de perdón hacia otros. Reconozco que el perdonar a alguien no hace que esa persona se corrija; me libera a mí. También reconozco que solo tú sabes la historia completa y verás que se haga justicia.

Te lo pido en el nombre de Jesús.

# Señor, fortaléceme para resistir al enemigo

Señor, gracias por sufrir y morir en la cruz por mí, y por levantarte de nuevo de la derrota de la muerte y el infierno. Mi enemigo está derrotado a causa de lo que hiciste. Gracias porque me has dado toda autoridad sobre él (Lucas 10:9). Muéstrame cuando no reconozca la intromisión del enemigo en mi vida. Enséñame a usar la autoridad que me has dado para verlo derrotado en cada esfera. Ayúdame a orar y ayunar con regularidad a fin de ser capaz de destruir cualquier fortaleza que el enemigo intente erigir en mi vida. Por el poder de tu Espíritu Santo puedo resistir con éxito al diablo y él debe huir de mí (Santiago 4:7).

Te lo pido en el nombre de Jesús.

# Señor, muéstrame cómo tomar el control de mi mente

Señor, no quiero vivir de acuerdo a mi propio pensamiento (Isaías 65:2). Quiero llevar todo pensamiento cautivo y controlar mi mente. Tu Palabra «discierne los pensamientos y las intenciones del corazón» (Hebreos 4:12). Al leer tu Palabra, haz que me revele cualquier mal pensamiento en mí. Que tu Palabra se grabe de tal manera en mi mente que sea capaz de identificar una mentira del enemigo en el momento que la escuche. Espíritu de Verdad, guárdame del engaño. Sé que me has dado autoridad «sobre todo el poder del enemigo» (Lucas 10:19, LBLA), y por eso le ordeno al enemigo que salga de mi mente. Me niego a escuchar sus mentiras.

Te lo pido en el nombre de Jesús.

# Señor, llévame más profundo en tu Palabra

Señor, «tu palabra es una lámpara a mis pies; es una luz en mi sendero» (Salmo 119:105, NVI®). Permíteme conocer en verdad su significado más profundo. Dame un mayor entendimiento al que he tenido jamás, y revélame los tesoros secretos escondidos allí. Te ruego que tenga un corazón enseñable y abierto a lo que tú quieras que sepa. Cámbiame a medida que la lea. Ayúdame a ser diligente en poner con fidelidad tu Palabra dentro de mi alma cada día. Muéstrame dónde estoy perdiendo tiempo que podría emplear mejor leyendo tu Palabra. Dame la habilidad para memorizarla. Grábala en mi mente y en mi corazón de modo que se convierta en parte de mí.

Te lo pido en el nombre de Jesús.

# Señor, instrúyeme mientras pongo mi vida en su debido orden

Señor, te pido que me ayudes a poner mi vida en el orden adecuado. Quiero ponerte siempre a ti en el primer lugar, por encima de todo lo demás en mi vida. Enséñame cómo amarte con todo mi corazón, mi mente y mi alma. Muéstrame cuando no lo esté haciendo. Muéstrame si he levantado mi alma hacia un ídolo. Mi deseo es servirte a ti y solo a ti. Por favor, ayúdame a vivir de acuerdo a esto. Dame un corazón sumiso. Ayúdame a someterme siempre a las autoridades que gobiernan y a las debidas personas en mi familia, trabajo e iglesia. Muéstrame cuáles son las adecuadas autoridades espirituales en mi vida. Llévame a la iglesia donde tú quieres que esté.

Te lo pido en el nombre de Jesús.

# Señor, plántame para que pueda llevar los frutos de tu Espíritu

Señor, te pido que plantes el fruto de tu Espíritu en mí y lo hagas florecer. Ayúdame a permanecer en ti, Jesús, a fin de que pueda llevar fruto en mi vida. Espíritu Santo, lléname de nuevo hoy con tu amor de modo que fluya de mí y penetre en la vida de los demás. Tú dijiste en tu Palabra que dejemos que «la paz de Dios gobierne en [nuestros] corazones» (Colosenses 3:15). Te ruego que tu paz gobierne mi corazón y mi mente a tal grado que las personas lo sientan cuando estén cerca de mí. Ayúdame a seguir «lo que contribuye a la paz y a la mutua edificación» (Romanos 14:19).

Te lo pido en el nombre de Jesús.

# Señor, llévame al propósito para el cual me creaste

Señor, sé que tu plan para mí existe desde antes de que yo lo supiera, y que tú lo cumplirás. Ayúdame a andar como es digno de «los que han sido llamados por Dios» (Efesios 4:1, DHH). Sé que hay un plan trazado para mí y que tengo un destino que cumplir ahora. Ayúdame a vivir con un sentido de propósito y a comprender el llamado que me has dado. Quita cualquier desánimo que pueda sentir y sustitúyelo con el gozo anticipado por lo que estás haciendo por medio de mí. Úsame como tu instrumento para ser determinante de manera positiva en la vida de los que pongas en mi camino.

Te lo pido en el nombre de Jesús.

# Señor, guíame en todas mis relaciones

Señor, levanto ante ti cada una de mis relaciones y te pido que las bendigas. Te ruego que tu paz reine en ellas y que cada una te glorifique. Ayúdame a elegir mis amistades con sabiduría de modo que no me guíen por mal camino. Dame discernimiento y fortaleza para separarme de cualquiera que no sea una buena influencia. Te entrego todas mis relaciones y oro para que se haga tu voluntad en cada una de ellas. En especial te pido por mi relación con cada uno de mis familiares. Te ruego que traigas sanidad, reconciliación y restauración donde sea necesario. Bendice estas relaciones y fortalécelas.

Te lo pido en el nombre de Jesús.

# Señor, libérame de emociones negativas

Señor, ayúdame a vivir en tu paz y en tu gozo. Dame la fortaleza y el entendimiento para resistir la ansiedad, el enojo, la envidia, la depresión, la amargura, la desesperación, la soledad, el temor y la culpa. Rescátame cuando sienta que «en mí languidece mi espíritu», que «mi corazón está consternado dentro de mí» (Salmo 143:4, LBLA). Me niego a que mi vida se venga abajo por emociones negativas como estas. Cuando esté tentada a ceder ante ellas, muéstrame tu verdad. Tú dijiste en tu Palabra que con paciencia ganaremos nuestra alma (Lucas 21:19). Dame paciencia a fin de que logre hacer esto. Ayúdame a guardar mi corazón «con toda diligencia» porque sé que «de él brotan los manantiales de la vida» (Proverbios 4:23, LBLA).

Te lo pido en el nombre de Jesús.

# Señor, libérame de mi pasado

Señor, te pido que me liberes de mi pasado. Cada vez que haga del pasado mi hogar, te ruego que me liberes, me sanes y me redimas de él. Ayúdame a soltar cualquier cosa de mi pasado a la que me haya aferrado y que me impida avanzar hacia todo lo que tienes para mí. Permíteme eliminar todas las pasadas maneras de pensar, sentir y recordar (Efesios 4:22-24). Dame la mente de Cristo a fin de que logre comprender cuándo me controlan los recuerdos de los hechos del pasado. No quiero que me controlen los hechos del pasado. Te entrego mi pasado y a cualquiera asociado con él, de modo que restaures lo que se ha perdido.

Te lo pido en el nombre de Jesús.

# Señor, guíame hacia el futuro que tienes para mí

Señor, pongo mi futuro en tus manos y te pido que me des completa paz al respecto. Quiero estar en el centro de tus planes para mi vida, sabiendo que me has dado todo lo que necesito para lo que se avecina. Te ruego que me des fortaleza para soportar sin darme por vencida. Tú has dicho que «el que persevere hasta el fin, este será salvo» (Mateo 10:22). Ayúdame a correr la carrera de tal manera que termine fortalecida y reciba el premio que tienes para mí (1 Corintios 9:24). Ayúdame a velar siempre en oración, pues no sé cuándo será el fin de mi vida (1 Pedro 4:7).

Te lo pido en el nombre de Jesús.

# *Señor*, ayúdame a amarte a ti y a otros de la manera que te agrada

(Oraciones basadas en *Decide amar*)

# Mírate como te mira Dios

Señor, ayúdame a verme de la manera en que me ves tú. Gracias porque me ves a través de tus ojos de amor y de todo para lo que me creaste. Permíteme abrir mi corazón para recibir tu amor. Aunque es difícil comprender un amor tan grande, y no me siento digno de él, no quiero interrumpir el poder de tu asombroso amor que obra en mi corazón. Dame ojos para ver la forma en que me revelas tu amor por mí al alejarme de las cosas que no son tu bien supremo para mi vida. Sé que todo lo que quieres hacer en mi vida no se puede lograr sin que tu amor fluya en mí.

Te lo pido en el nombre de Jesús.

# Entiende quién es Dios en realidad

Señor, anhelo conocerte mejor. Enséñame todo acerca de ti. Sé que no puedo comenzar a comprender tu grandeza si tú no abres mis ojos, ensanchas mi corazón y mente, y me das revelación. «SEÑOR, Dios mío, cuán grande eres; te has vestido de esplendor y de majestad, cubriéndote de luz como con un manto, extendiendo los cielos como una cortina» (Salmo 104:1-2, LBLA). Ayúdame a entender todo lo que tú eres para que pueda crecer de manera más profunda en mi caminar contigo. Tú eres el Creador de todas las cosas, y puedes transformar a cualquier persona si te recibe. Abro por completo mi corazón a ti y te pido que me transformes.

Te lo pido en el nombre de Jesús.

# Recibe todo lo que Dios tiene para ti

Señor, me doy cuenta de que nunca podré recibir todo lo que tienes para mí hasta que no entienda todo lo que hiciste por mí. Gracias porque tú, «el soberano de los reyes de la tierra», me amaste lo suficiente como para lavarme y limpiarme de todos mis pecados con tu propia sangre (Apocalipsis 1:5). Gracias porque eres la Palabra viva. Tú eres mi Salvador. Tú me liberaste de las consecuencias de mis propios pecados, errores, equivocaciones e ignorancia. Y tú lograste que sea un hijo amado de Dios. Gracias porque en ti encuentro todo lo que necesito para la vida (1 Corintios 8:6).

Te lo pido en el nombre de Jesús.

# Lee la carta de amor de Dios para ti

Señor, gracias por tu Palabra. Sé que es tu carta de amor para mí porque cada vez que la leo o la expreso, experimento tu presencia y amor de una manera más profunda. Alimenta mi alma y enriquece mi vida. Ayúdame a entenderla mejor cada día. «Abre mis ojos, y miraré las maravillas de tu ley» (Salmo 119:18). Ayúdame a conocerte de manera más profunda a través de ella. Gracias porque tu Palabra me da verdad y dirección para mi vida. Ayúdame a guardar siempre tu Palabra en mi corazón y a no olvidarla. Haz que las Escrituras cobren vida para mí cada vez que las lea. Mantenlas vivas en mí en todo momento.

Te lo pido en el nombre de Jesús.

# Acepta la gracia y la misericordia de Dios

Señor, gracias por tu gracia y misericordia, las cuales sé que son señales eternas de tu amor infalible por mí. Son regalos que superan la comprensión. Por eso tú redimes mi vida de la destrucción y me coronas «de amor y tiernas misericordias» (Salmo 103:4, NTV). Gracias porque te interesan las cosas que me interesan a mí. Gracias porque tú «cumplirás en mí tus planes; tu misericordia, Señor, permanece para siempre» (Salmo 138:8, RVC). Eso significa que siempre puedo depender de esto. Gracias que debido a que recibí a Jesús no solo soy perdonado, sino que prometes perdonarme hasta los pecados que cometa en el futuro cuando vaya a ti con un corazón arrepentido y los confiese.

Te lo pido en el nombre de Jesús.

# Reconoce las maneras en que te ama Dios

Señor, gracias por todas las maneras en que me amas. Las reconozco cada vez más. Estoy muy agradecido de que nada me podrá separar de tu amor. Gracias porque tu Palabra les promete a los necesitados que «en días de hambre se saciarán» (Salmo 37:19, LBLA). No tengo que temer por no tener suficiente, y puedo confiar en eso porque tú eres mi Señor, nada me hará falta (Salmo 23:1). Gracias por tener un lugar de descanso para mí donde hay frutos en abundancia (Salmo 23:2). Gracias porque no les quitarás el bien a los que viven a tu manera (Salmo 84:11).

Te lo pido en el nombre de Jesús.

# Conoce todo lo que el amor de Dios hará en tu vida

Señor, estoy asombrado por lo que puedes hacer y harás en mí porque me amas. Ayúdame a entender la magnitud de tu alcance en mi vida. Permíteme recordar esto cuando esté en medio de una tormenta y te necesite para que traigas la calma (Salmo 107:28-29, LBLA). Gracias porque puedes transformar el desierto en un estanque de aguas frescas (Salmo 107:35, LBLA). Gracias porque siempre me ves y sabes dónde me encuentro. Estoy agradecido porque al invitarte a que seas el Señor de mi vida, tu mano siempre está en mí y me guiará a donde necesite ir. Gracias porque como estoy contigo, tú siempre estás conmigo.

Te lo pido en el nombre de Jesús.

# Ámalo sin reservas por lo que es Él

Señor, amo a la persona que eres y todo lo que has hecho por mí. Amo todas tus promesas para mí y todo lo que has planificado para mi futuro. Revélame cualquier parte de mi vida en la que no dependa de ti como debo. Estoy eternamente agradecido por ser un heredero del reino que le has dado a todos los que te aman (Santiago 2:5). Pero más que todo eso, solo quiero amarte con todo mi corazón, alma, mente y fuerzas, como lo deseas tú (Marcos 12:30). Ayúdame a amarte con todo mi ser, sin obligación. Enséñame a lograrlo de cualquier manera que te agrade a ti.

Te lo pido en el nombre de Jesús.

# Apóyate en su sabiduría con entusiasmo

Señor, me encanta que tu sabiduría sea eterna, verdadera y siempre perfecta. Ayúdame a buscarte y a depender cada día de tu sabiduría y no la del mundo. Te reverencio y te doy gracias porque tu sabiduría en mí comienza allí. Gracias porque tu ley está en mi corazón y me guardará para que no resbale. Busco tu sabiduría para cada día y para cada decisión. Espíritu Santo de sabiduría, lléname otra vez de tu sabiduría para que pueda escuchar siempre tu consejo sabio que se le habla a mi corazón. Dependo de tu consejo para todas las cosas. Enséñame a valorar todos mis días en la tierra, para que mi corazón pueda adquirir sabiduría (Salmo 90:12, NVI®).

Te lo pido en el nombre de Jesús.

# ¿Es de veras posible que ame a otros con constancia?

Señor, sé que sin ti no está en mí amar a otros de la manera en que tú quieres que lo haga. Solo por tu amor sanador y restaurador que me guía por el poder de tu Espíritu es que tengo la capacidad y la fortaleza para demostrar amor de una manera transformadora. Te pido que derrames tu amor en mi corazón y me des la capacidad de amar a la gente como la amas tú. Capacítame para demostrar siempre el amor de una manera que te agrade a ti. Sé que mi amor por otros puede revelar tu perfecto amor en mí. Ayúdame a estar siempre disponible para que me concedas hacer justo eso.

Te lo pido en el nombre de Jesús.

# ¿No es egoísta aprender a amarme?

Señor, gracias porque me amas y porque me hiciste para tus propósitos. Ayúdame a apreciar todo lo que has puesto en mí. Permíteme reconocer los dones que me has dado, a fin de que los use para tu gloria. Enséñame a ver lo bueno en mí que no veo y ayúdame a rechazar cualquier autocrítica en la que me enfoco. Enséñame a amarte más y a amarme mejor, de modo que pueda expresarles amor a otros con una claridad mayor. Ayúdame a buscar la sabiduría que solo viene de ti, pues me importa mucho transformarme en todo para lo que me creaste. Ayúdame a entender cuánto me amas y lo que ves en mí.

Te lo pido en el nombre de Jesús.

# ¿Cómo puedo mostrar amor en cada situación?

Señor, voy en busca del amor así como te busco a ti, porque tú eres amor y tu amor nunca falla. Llena mi corazón tanto de tu amor que fluya a los demás. Permíteme mostrar tu amor en cada situación. Dependo de ti para que me guíes en eso. Guíame con tu Espíritu Santo para tomar las decisiones en cuanto a lo que siempre te agrada. No quiero interferir con lo que haces en la vida de otro. No quiero moverme en la carne, sino que en todo lo que haga y diga reciba la dirección de tu Espíritu. Ayúdame a buscar tu voluntad en cada situación y con cada persona, y a no dar por sentado que sé lo que hay que hacer en cada caso.

Te lo pido en el nombre de Jesús.